MARTIN LUTHER

EIN MÖNCH VERÄNDERT DIE WELT

ZEICHNUNGEN
JOHANNES SAURER

TEXT UND FARBEN
ULRIKE ALBERS

EISLEBEN 1483

Martin Luther geht auf die Volksschule in Mansfeld. Er wird streng und sehr religiös erzogen. In der Schule dürfen die Lehrer die Kinder schlagen. Martin leidet unter der strengen Erziehung.

MANSFELD 1490

Die Schuljahre

ERFURT 1500
Martin lernt fleißig und wird 1501 zum Jurastudium zugelassen. Sein Vater will, dass er Rechtsanwalt wird.
Doch dann geschieht etwas, das sein Leben für immer verändert.
Am 2. Juli 1505, auf dem Rückweg von seinen Eltern nach Erfurt, gerät er in ein heftiges Gewitter.
Heilige Anna, verschone mich, dann werde ich Mönch!
Martin gesteht dem Vater seine Zukunftspläne.
Das kannst du nicht machen! Ich habe all meine Hoffnungen in dich gesteckt und so hart gearbeitet, damit du Jura studieren kannst.
Mein Entschluss steht fest! Es ist meine Berufung, ich kann nicht anders!

Fasten, beten und arbeiten

WITTENBERG 1508
Das Leben geht weiter. Luther wird 1508 von seinem Orden nach Wittenberg versetzt. Dort studiert er bis 1512 Theologie, erwirbt den Doktortitel und unterrichtet als Professor an der Wittenberger Universität.
Die Erkenntnis
In der Studierstube des Wittenberger Klosterturms.
„Denn Gottes Gerechtigkeit wird darin offenbart aus Glauben zu glauben, wie geschrieben steht." (Röm. 1,17)
An Gott glauben und unsere Sünden aufrichtig bereuen. Nur der Glaube an Gott zählt. Das ist alles!
Ich habe es!
Er hat gerade ein Schweigegelübde abgelegt, um Gott näher zu kommen.
Gott schenkt uns die Vergebung! Wir müssen dafür nichts tun, ja, wir können dafür nichts tun.

Damit stellst du alles in Frage, was wir tun, das ganze Klosterleben.
Ich habe die Antwort auf alle meine Fragen gefunden. Das ist großartig!
Nö, finde ich nicht!
Ich möchte mich mit den Denkern unserer Zeit austauschen. Mit Johann von Staupitz, Wenzeslaus Linck, Nikolaus von Amsdorf und Karlstadt.
Die Gelehrten sind sich einig: Die Kirche macht Fehler!
So kann es nicht weitergehen.
Die Angst der Bevölkerung, nach dem Tod in die Hölle zu kommen, ist leicht auszubeuten.
Kirchliche Ämter sind käuflich. So ist Albrecht von Brandenburg gleichzeitig Erzbischof von Magdeburg und Mainz. Das ist verboten!
Die ländliche Bevölkerung leidet große Not und lebt im Elend.
Die Bischöfe geben das Geld mit vollen Händen aus und leben in Saus und Braus.
1514 wird Luther als Prediger an die Wittenberger Stadtkirche berufen.
Würde Gott Gerechtigkeit von uns fordern, so wären wir allesamt verloren! Gott schenkt uns Gnade!

Die Willkür der Kirche

1517 schreibt Luther seine Thesen in Latein.
Ganz schön lang geworden, 95 Argumente gegen die Willkür in der Kirche.
Jetzt freue ich mich schon auf die Diskussionen.
In Wittenberg war es unter den Gelehrten üblich, Bekanntmachungen an der Tür der Schlosskirche zu befestigen.
Hoffentlich kann ich mit meinen 95 Thesen etwas bewegen.
Freunde von Luther sind von seinen 95 Thesen so begeistert, dass sie den Text ohne Luthers Wissen ins Deutsche übersetzen, drucken lassen und verbreiten.
Johannes Gutenberg schuf durch sein Druckverfahren die Voraussetzung dafür.
Das ist wirklich außergewöhnlich!
Vergebung erlangen wir allein durch die Gnade Gottes.
Kein gutes Werk bringt dich sicher in den Himmel.

Augsburg 1518

Ärger zieht auf...

Luthers Ideen finden immer mehr Anhänger. Er ist der Anführer einer Bewegung, die die Kirche erneuern will. Doch der Papst schließt ihn aus der Kirche aus und verhängt am 3. Januar 1521 den Bannfluch über Luther. Trotzdem arbeiten immer mehr Menschen an der Reformation mit. Auch Justus Jonas, ein Freund Luthers und Vorsteher der Wittenberger Schlosskirche.

WORMS 1521

Im Reichstag

Ich bin fertig!
Martin!
Spalatin, mein Freund, was machst du hier?
Ich bin in meiner Funktion als Geheimsekretär von Friedrich dem Weisen hier und soll dir sagen: Er ist auf deiner Seite und wird dich beschützen.
Richte unserem Kurfürsten meinen Dank aus!
Auf der Rückreise ...
Anhalten!
Luther oder Leben!
Der da ist Martin Luther! Nehmt ihn und verschont uns!

Luther wird gepackt und abgeführt.
Wie konntet Ihr ihn nur verraten!
Bestimmt sind es Handlanger des Papstes. Die hätten uns sonst alle umgebracht!
Alles ist gut, ich bringe Euch in Sicherheit.
Kurfürst Friedrich der Weise hat diese Entführung geplant, um Martin Luther zu beschützen.
Das gefällt mir gar nicht, ich will zurück nach Wittenberg!
Eure Mitstreiter haben alles im Griff. Philipp Melanchthon führt sie an, und Johannes Bugenhagen organisiert alles. Du versteckst dich auf der Wartburg ...
Aber ...

Sei froh, dass unser Kurfürst dich kurzzeitig aus dem Rampenlicht nimmt. Du bist rechtlos! Jeder könnte dich ungestraft töten.
WARTBURG 1521
Hallo Luther, mein Lieber, schön, dass du da bist! Damit dich niemand erkennt, lass dir Haare und Bart wachsen! Wir nennen dich zur Tarnung Junker Jörg.
Aber ... ich kann hier nicht nur rumsitzen!
Dann nutze die Zeit für etwas, das du schon lange tun wolltest. Ich werde dafür sorgen, dass du gut bewirtet wirst.
Ich fange an, das Neue Testament aus dem Griechischen ins Deutsche zu übersetzen.
So ist es gut! Wie geht es deiner Gicht und der Verstopfung ?
Immer diese Schmerzen! Besser wird es wohl nicht mehr.

Wochenlang arbeitet Luther wie besessen. Er ist völlig erschöpft und überarbeitet. Eines Nachts erscheint ihm wieder der Teufel.
Du armseliges Menschlein! Nichts wirst du ausrichten in dieser Welt!
Hau ab, du Scheusal!

Am 20. September 1522 werden die ersten gedruckten Exemplare des Neuen Testaments an den Kurfürsten Friedrich den Weisen übergeben. Der Papst verbietet das Lesen dieses Buches.

Zurück in Wittenberg...
Mäßigt euch, bleibt friedlich!
Wir lassen uns nicht länger von der Kirche ausrauben!
Später trifft sich Luther mit Melanchthon.
Bei allem, was wir tun, haben wir Gottes Wort auf unserer Seite. Wir dürfen uns nicht ins Unrecht setzen!
Wenn wir vor Gott alle gleich sind, dann kann jeder seinen Beitrag zum Gelingen der Gemeinschaft leisten.
Ja, doch dafür wird ein bisschen Bildung nicht schaden.

Kinder sind die Zukunft der Gemeinde. Gott und das Leben gemeinsam zu besingen, das schweißt zusammen und macht stark. Kinder müssen singen! Noch vor dem Lesen! Ein gutes Lied packt jedes Herz.
Wenn jeder Junge und jedes Mädchen selbst die Bibel lesen könnte, wären sie nicht länger in Fragen der Wahrheitsfindung auf Autoritäten angewiesen.
Du hast recht! Wir brauchen unbedingt Schulen für das Volk.
Die Idee finde ich gut, lass mich an diesem Vorhaben weiterarbeiten.
Sie machen sich Gedanken um Verbesserungen in allen Bereichen.
Die Neuordnung des Sozialwesens wird mit der Einführung des "gemeinen Kastens" erreicht.
Es soll eine Gemeindekasse geben, daraus werden Barmherzigkeits- und Bildungsaufgaben bezahlt. Dazu nehmen wir ein wenig vom Vermögen der alten Kirche.
Neues Geld kommt in die Kasse, wenn wir bei jedem Gottesdienst die Gemeinde bitten, etwas für die Armen zu spenden.

Luther und der Bauernkrieg

Luther wendet sich von den Bauern und ihrer Sache ab. Er rät den Grafen sogar zur schonungslosen Verfolgung der Aufständischen.
Auf der Flagge der Bauern sieht man den Bundschuh. Er steht symbolisch dafür, dass die Bauern aufgestanden sind und gemeinsam gegen ihre Herren vorrücken. Am 15. Mai 1525, in der Entscheidungsschlacht bei Frankenhausen, werden mehr als 5000 Bauern von ihren Fürsten und Herren umgebracht.
Luther fühlt sich Zeit seines Lebens mitschuldig.

Luthers Hochzeit mit Katharina von Bora

Was soll ich tun?
Nicht du! Ich werde Hühner und Gänse anschaffen und aus dem Garten einen Gemüseacker machen. Dann kannst du deine Mitstreiter einladen.
Luther geht zur Haushaltskasse und nimmt Geld heraus.
Stopp!
So etwas geht nicht. Ich muss wissen, was ich zum Wirtschaften habe.
Du hast recht, ich bin dankbar, dass du dich um alles so gut kümmerst.
Luther und Katharina leben mit ihren sechs Kindern, einer Verwandten von Katharina und sechs Kindern von Luthers Schwester in einem Haushalt. Um die Haushaltskasse etwas aufzubessern wohnen zeitweise auch Luthers Studenten im Haus.
Bei den Luthers ist immer etwas los.

SCHMALKALDEN 1530

Der Bund von Schmalkalden

1530 auf dem Reichstag in Augsburg bestätigt Kaiser Karl V. das Wormser Urteil und lehnt das protestantische Glaubensbekenntnis ab.

Daraufhin schließen sich die evangelischen Fürsten 1530 zum Schmalkaldischen Bund zusammen. Man sichert sich gegenseitige Unterstützung im Falle eines Angriffs des Kaisers zu.

Hier in Schmalkalden trägt Luther 1537 erstmals sein Glaubensbekenntnis vor.

Luther arbeitet unermüdlich an der Erneuerung der Kirche.

Luthers Arbeit trägt Früchte. Nach zwölf Jahren erscheint 1534 die erste Bibel in deutscher Sprache. Über die Landesgrenzen hinaus hat er Anhänger. 1527 führt Schweden die lutherische Nationalkirche ein. 1536 wird Dänemark durch Johannes Bugenhagen reformiert.

Viele ehemalige Anhänger, wie auch Johann Agricola, Erasmus von Rotterdam und Zwingli, wenden sich gegen Luther und werfen ihm Kompromisse mit den Landesfürsten vor.
Wenn es ernst wird, ziehst du den Schwanz ein!
Mit dir kann man nicht reden!
Das geht uns nicht weit genug!
Papperlapapp! Ich eröffne meine eigene Kirche in der Schweiz!
Luther ist müde, enttäuscht und es quälen ihn starke Schmerzen. Er hat in seinem Leben viel Gutes getan, aber auch vieles falsch gemacht. So forderte der Reformator den Tod von Türken, Bauern, Huren, Andersgläubigen und Juden.
Na, Menschlein, viele Menschen sind deinetwegen unglücklich!
Ich bin am Ende meiner Kräfte, alles tut mir weh und es gibt doch noch so viel zu tun!
HAHAHA!
Denk an die Bauern, die du im Stich gelassen hast, alle tot!
Bei mir im Fegefeuer ist ein Platz für dich frei!

Schloss Hartenfels 1544
Torgau

Torgau war die bevorzugte Residenz des kurfürstlichen Hofes. Hier wurde der Reformation Schutz und später durch Johann Friedrich dem Großmütigen auch militärischer Beistand gewährt.

Der Streit der Mansfelder Grafen

Überall wird Luther gebraucht. Am 17.01.1546 bricht Luther in seine Geburtsstadt Eisleben auf. Dort schlichtet er einen Erbschaftsstreit zwischen seinem Freund, dem Anhänger der Reformationsbewegung Graf Albrecht, und seinem katholischen Bruder.

Luthers Tod

In der Nacht zum 18. Februar 1546 stirbt Luther.

Die Welt um 1500

Der Übergang vom Mittelalter in die Neuzeit

1450: Johannes Gutenberg erfindet ein Druckverfahren, um schnell und kostengünstig Bücher zu drucken.

1492 wird der erste Globus gebaut.

1500: Peter Henlein erfindet die Taschenuhr.

Luthers Leben

1483	Geburt in Eisleben
ab 1490	Schulbesuch in Mansfeld, Magdeburg und Eisenach
1501-1505	Studium der Rechtswissenschaft in Erfurt
1505	Mönch in Erfurt
1507	Weihe zum Priester
1508-1512	Studium der Theologie mit Doktorabschluss in Wittenberg
1517	Thesenanschlag
1521	Ächtung und Versteck auf der Wartburg
1522	Rückkehr nach Wittenberg
1525	Heirat mit Katharina von Bora
1534	Herausgabe der Bibel in deutscher Übersetzung
1546	Tod in Eisleben

Um 1514: Kopernikus entdeckt, dass die Erde um die Sonne kreist.

Leonardo da Vinci entwickelt unter anderem Pumpen und Flugmaschinen.

1492: Christoph Kolumbus geht in Amerika an Land.

1519-21: Fernao de Magalhaes gelingt die erste Erdumsegelung.